Inhalt

Gespräche im Klassenrat

1 Im Klassenrat gibt es für die Kinder verschiedene Ämter. Notiere ihre Aufgaben. Ergänze die Übersicht.

Gesprächsleiterin 	
 Protokollschreiber	
Regelprüferin 	

2 Was kann in einem Klassenrat besprochen werden? Ergänze das Spruchband.

Die Aufgaben der verschiedenen Ämter im Klassenrat benennen; überlegen und notieren, welche Angelegenheiten im eigenen Klassenrat besprochen werden sollten

3 Regeln helfen, damit Gespräche im Klassenrat gut gelingen.
Klebe zu jeder Regel das passende Bild auf. Ergänze zwei Regeln.

Wer etwas sagen möchte, der meldet sich.	Wir hören uns gegenseitig aufmerksam zu.	Wir weichen nicht vom Thema ab.

Wir begründen unsere eigene Meinung.		

4 Schreibe zu diesem Bild eine Geschichte auf. Beachte:

- Was passiert?
- Was sagen die beiden Betroffenen?
- Was meinen die anderen Schülerinnen und Schüler?
- Welche Lösungsvorschläge gibt es?
- Wie könnten alle Vereinbarungen überprüft werden?

Kinder haben Rechte

1 Schreibe Beispiele auf, wie dieses Recht in deiner Klasse oder Schule verwirklicht wird.

2 Notiere: Warum ist Lernen für dich wichtig?

3 Was möchtest du gerne werden? Was willst du dafür lernen? Schreibe auf.

Freie Meinungsäußerung als Recht für alle wahrnehmen, Beispiele aus der Klasse/Schule dazu aufschreiben;
Lernen als Kinderrecht begründen, eigene Lernschwerpunkte – abgeleitet vom Berufswunsch - notieren

Kinder haben das Recht auf:

- Gleichbehandlung
- Bildung und Ausbildung
- Schutz vor wirtschaftlicher und sexueller Ausbeutung
- Betreuung bei Behinderung
- Familie und elterliche Fürsorge
- Freie Meinungsäußerung
- Hilfe bei Katastrophen und in Notlagen
- Schutz der Gesundheit
- Spiel und Freizeit

4 Betrachte die Bilder.
Schreibe auf, um welches Recht es in diesen Szenen geht.

Medien überall

1 Jeden Tag benutzt du Medien.
Welches Medium ist dir zu den verschiedenen Tageszeiten am wichtigsten? Wann verzichtest du auf Medien?
Schreibe oder zeichne.

Beim Frühstück	In der Schule	In der Schulpause	Beim Mittagessen
Bei den Hausaufgaben	In der Freizeit	Beim Abendessen	Beim Schlafengehen

2 Welches Medium nutzt du am meisten? ______________________

Begründe, warum du dieses Medium oft nutzt.

____

____

____

Sich mit der Nutzung von Medien im Tagesverlauf auseinandersetzen und diese kritisch reflektieren; das Medium mit der längsten Nutzungsdauer benennen und den Nutzungszweck begründen

3 Wer Medien nutzt, der sollte auch wissen, was sie mit uns machen.
Schreibe Beispiele zu den Sätzen auf.

Was Medien machen	Beispiel für Medien
Sie informieren uns über das Geschehen in der Welt:	Im Fernsehen
Sie unterhalten uns:	
Sie können unsere Meinung beeinflussen:	
Sie helfen uns im Alltag:	
Sie ermöglichen, dass Menschen miteinander verbunden sind:	

4 Ein Foto ist auch ein Medium. Was denkst du, wenn du dieses Foto ansiehst?
Schreibe deine Gedanken dazu auf.

Vergleicht eure Ergebnisse.

Die Aufgaben von Medien erfassen (Information, Unterhaltung, Kommunikation ...); mit Hilfe des Fotos die Auswirkungen der Mediennutzung (hier: Einfluss auf Sozialkontakte) bewusst wahrnehmen und bewerten

Informationen im Internet suchen

Wer im Internet Informationen sucht, kann eine Frage stellen oder ein Suchwort oder mehrere Suchwörter eingeben. Es gibt viele Kindersuchmaschinen, bei denen du nach Informationen suchen kannst, z.B. HanisauLand.de, fragFINN.de, blinde-kuh.de oder Helles-Koepfchen.de.

1 Du willst dich im Internet über das Leben von Familien in anderen Ländern informieren.

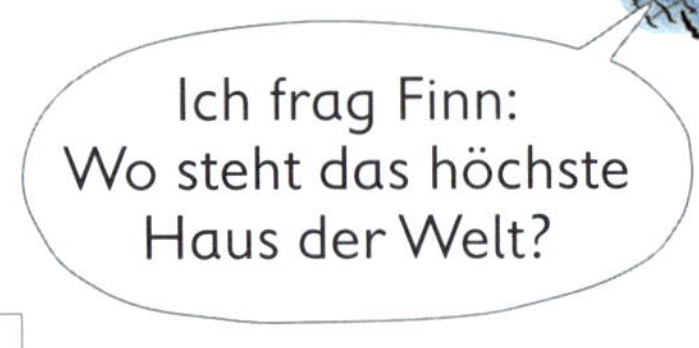

Zuerst wählst du das Land aus.

Es heißt: ______________________

Nun überlegst du zum Thema „Familienleben in ______________“ eine Frage.

Frage: ______________________

Finde ein passendes Suchwort oder Suchwörter zur Frage:

____

Welche Kindersuchmaschine wählst du aus?

____

2 Gib dein Suchwort oder deine Suchwörter in die Suchmaschine ein.
Wähle aus der Liste ein Suchergebnis und klicke den Beitrag an.
Lies den Beitrag.

3 Suche im Internet nach weiteren Informationen zum Thema.

Den Umgang mit dem Internet üben; Suche zum Thema „Familienleben in …“ im Internet vorbereiten; Suchbegriff überlegen; Suche in Kinder-Suchmaschinen durchführen; weitere Informationen zum Thema finden

Gefahren im Internet
Jeder kann Informationen ins Internet stellen.
Prüfe deshalb immer genau, ob auch stimmt, was du findest.

Das Netz vergisst nichts. Alles was du im Internet schreibst und alle Fotos, die du hochlädst, sind dort FÜR IMMER gespeichert.

4 Betrachte die Computerbildschirme.
Welche Gefahren können noch im Internet lauern? Notiere Warnhinweise.

Hinweise zum Umgang mit dem Internet verinnerlichen;
mögliche Gefahren des Mediums mit Hilfe von Bildern benennen

S. 3

So lebe ich – wie lebst du?

1 Fülle deinen Familien-Steckbrief aus.

Ich in meiner Familie

Mein Name: Philoumena

Er bedeutet: Die Freundliche

Meine Familie nennt mich: Möwe

Ich spreche diese Sprachen: Deutsch

Meine Familie:

Unser Lieblingsessen:

Wir spielen zusammen gern:

Unser liebster Urlaubsort:

Das Besondere meiner Familie:

Einen Familien-Steckbrief erstellen, dadurch Erfahrungen zur sozialen Gemeinschaft der eigenen Familie wahrnehmen

2 Welche Feste feiert ihr gern in der Familie?
Kreuze an. Erzählt darüber.

3 Führe ein Interview mit einem anderen Kind.

Familien-Steckbrief

Dein Name: ____________________

Er bedeutet: ____________________

Vornamen in deiner Familie: ____________________

____

Euer Lieblingsessen: ____________________

Ihr spielt zusammen gern: ____________________

Euer liebster Urlaubsort: ____________________

Das Besondere an eurer Familie: ____________________

4 Vergleicht die Steckbriefe aus Aufgabe 1 und 3.
Welche Gemeinsamkeiten und Unterschiede gibt es?

Rituale, Traditionen und Feste in der Familie mit Hilfe der Bilder besprechen und auf die eigene Familie beziehen; ein Interview führen, die Ergebnisse dokumentieren; zwei Familien vergleichen

S. 2

Ein Haus wird versorgt

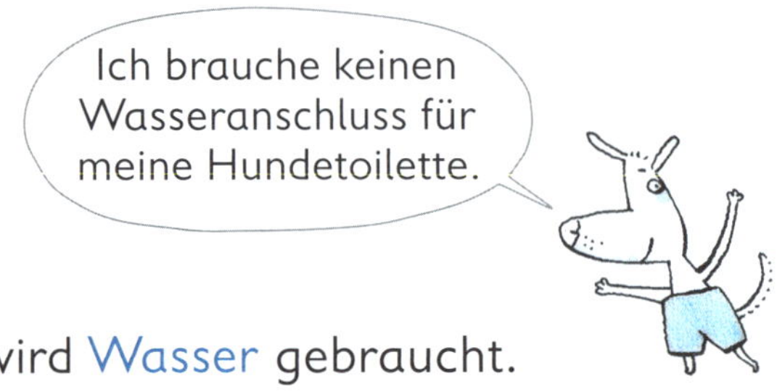

1 Betrachte das Bild und kreise ein.
Rot: Hier wird Strom gebraucht. Blau: Hier wird Wasser gebraucht.

2 In welchen Räumen gibt es Wasser und Strom bei dir zu Hause?

Wasser: ______________________

Strom: ______________________

____

Welche Geräte im Haus verbrauchen Strom? Nenne Beispiele.

____

____

In welchen Räumen gibt es besonders viele Steckdosen?

____

Die Versorgung eines Wohnhauses mit Strom und Wasser im Bild erkennen, die Verbraucher markieren;
Ergebnisse der eigenen Recherche dokumentieren

3 Trage ein: Was ist in welchem Zimmer
sehr wichtig (+), weniger wichtig (o), nicht wichtig (–).

	Ruhe	viel Sonne	Wasser-anschluss	viele Steckdosen	Heizung
Wohnzimmer					
Kinderzimmer					
Schlafzimmer					
Küche					
Badezimmer					
Esszimmer					
Arbeitszimmer					
Treppenhaus					
Keller					
Garage					

4 Ein Haus ist an verschiedene „Netze“ angeschlossen.
Verbinde die Begriffe, die zusammengehören, mit der gleichen Farbe.

Stromkabel und -leitung

Wasserwerk

Steckdose

Wasserhahn

Kraftwerk

Kanalisation

Telefon

Abfluss

Vermittlungsstelle

Kläranlage

Telefonnetz

Wasserleitung

Die Bedeutung von Ausstattungskriterien für verschiedene Räume erkennen; die Grundversorgung des Hauses (Strom, Wasser, Telefon) und die dazugehörigen „Netze“ in Verbindung bringen

S. 4

Auf der Baustelle

1 Die Fotos wurden auf der Baustelle gemacht.
Welche Berufe haben die Personen?

1 

2 

3 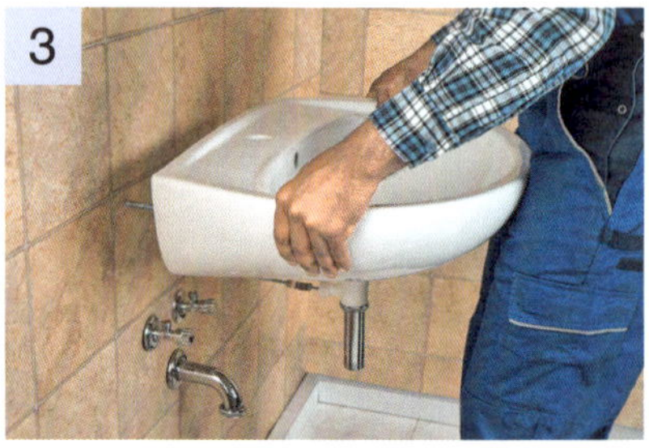

4 

5 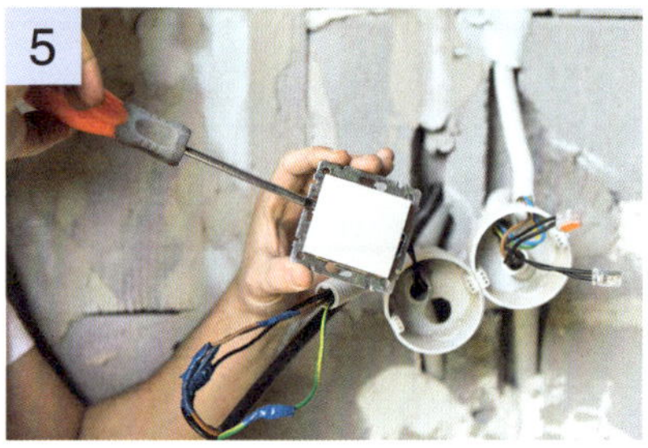

6 

1 ______________________ 4 ______________________

2 ______________________ 5 ______________________

3 ______________________ 6 ______________________

2 Welcher Handwerker braucht welches Werkzeug? Ordne zu.

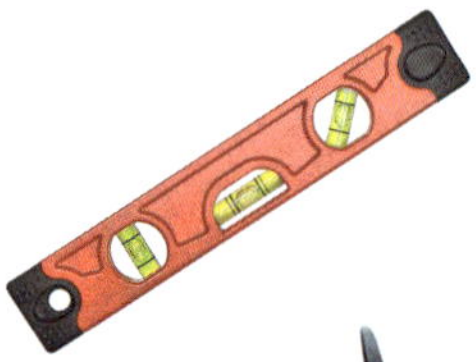

- Installateur
- Elektriker
- Maurer
- Zimmermann
- Putzer
- Maler

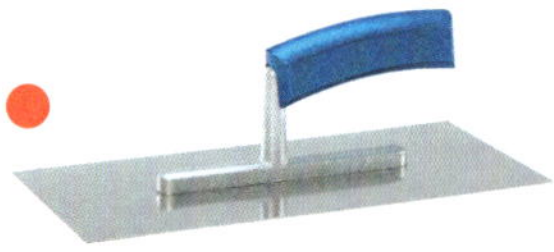

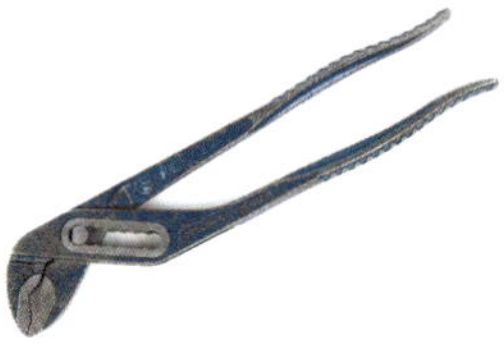

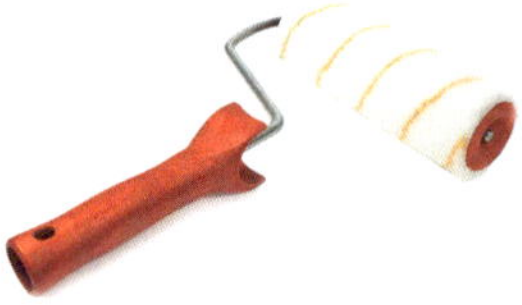

Berufe rund um das Bauen und Wohnen benennen; Werkzeuge als Hilfsmittel der Handwerker kennen, jedem Gewerk ein typisches Werkzeug zuordnen

3 Lies die Texte und fülle die Lücken aus:

Dachdecker | Fußbodenleger | gestrichen | ~~Maurer~~ | Stuckateure | tapeziert | Zimmerleute

1 Die Maurer mauern die Wände.

☐ Nachdem die Wände verputzt sind, können sie

_______________ oder _______________ werden.

☐ Wenn der Dachstuhl fertig ist, kommen die _______________.

☐ Wenn die Wände stehen,

errichten die _______________ den Dachstuhl.

☐ Wenn alle Kabel und Leitungen verlegt sind,

verputzen die _______________ die Wände.

☐ Damit keine Kleckse auf den neuen Fussboden kommen,

sind die _______________ meist zum Schluss dran.

4 Nummeriere in Aufgabe 3 die Reihenfolge der Arbeiten.

5 Finde die acht Baustoffe im Suchsel.

B	A	U	H	O	L	Z	G	Z	I	E	G	E	L	S	T	E	I	N
E	S	A	N	D	E	E	K	A	L	Ä	B	A	U	S	T	A	H	L
T	S	H	Z	E	H	T	D	N	U	C	K	W	L	I	S	P	E	R
O	H	J	L	B	M	P	L	D	H	O	L	Z	W	O	L	L	E	S
N	H	G	I	P	S	K	A	R	T	O	N	P	L	A	T	T	E	V

Typische Arbeiten beim Hausbau in einem Lückentext benennen; die Reihenfolge der Arbeiten nummerieren; verschiedene Baustoffe im Suchsel finden

Wo wohnst du?

1 Ordne die Bilder den Bildunterschriften zu.
Kreuze an, welche Wohnformen in deinem Ort vorkommen.

Seite 53	Seite 53	Seite 53
☐ Mehrfamilienhaus	☐ Seniorenheim	☐ Hochhaus
Seite 53	Seite 53	Seite 53
☐ Studentenwohnheim	☐ Einfamilienhaus	☐ Mehrgenerationen-haus

2 Was trifft für dein Haus zu? Kreuze an.
Ergänze die Tabelle.

	ja	nein
Unser Haus ist neu gebaut.	☐	☐
Unsere Nachbarn sind freundlich.	☐	☐
Meine Freunde wohnen in der Nähe.	☐	☐
Ich habe ein eigenes Zimmer.	☐	☐
	☐	☐
	☐	☐

Verschiedene Wohnformen benennen; die eigene Wohnsituation mithilfe von vorgegebenen Kriterien bewerten

3 Familie Muster möchte umziehen.
Gemeinsam beraten sie, was ihnen
für die neue Wohnung wichtig wäre.
Was glaubst du, wer sagt was?

1 2 3 4

- [ ] Eine große Badewanne wäre toll.
- [ ] In einem geräumigen Keller, könnten wir gut unsere Räder unterstellen.
- [ ] Ich wünsche mir eine ruhige Seitenstraße.
- [ ] Die Wohnung soll nicht so weit von Oma weg sein.

4 Befrage deine Familie, wie sie gern wohnen möchten.
Schreibe Stichpunkte auf.

Meine Mama:

Mein Papa:

Ich / Meine Schwester / Mein Bruder:

Sich in die Personen einer Familie hineinversetzen und deren Bedürfnisse rund um das Wohnen erfassen;
in der eigenen Familie eine Umfrage zum Thema „Wohnen“ durchführen und einzelne Aspekte dokumentieren

S. 2, 5

Sich im Ortsplan orientieren

1 Übt, die Legende des Plans zu lesen.
Betrachtet dazu die Zeichen. Beschreibt sie und lest die Erklärungen.

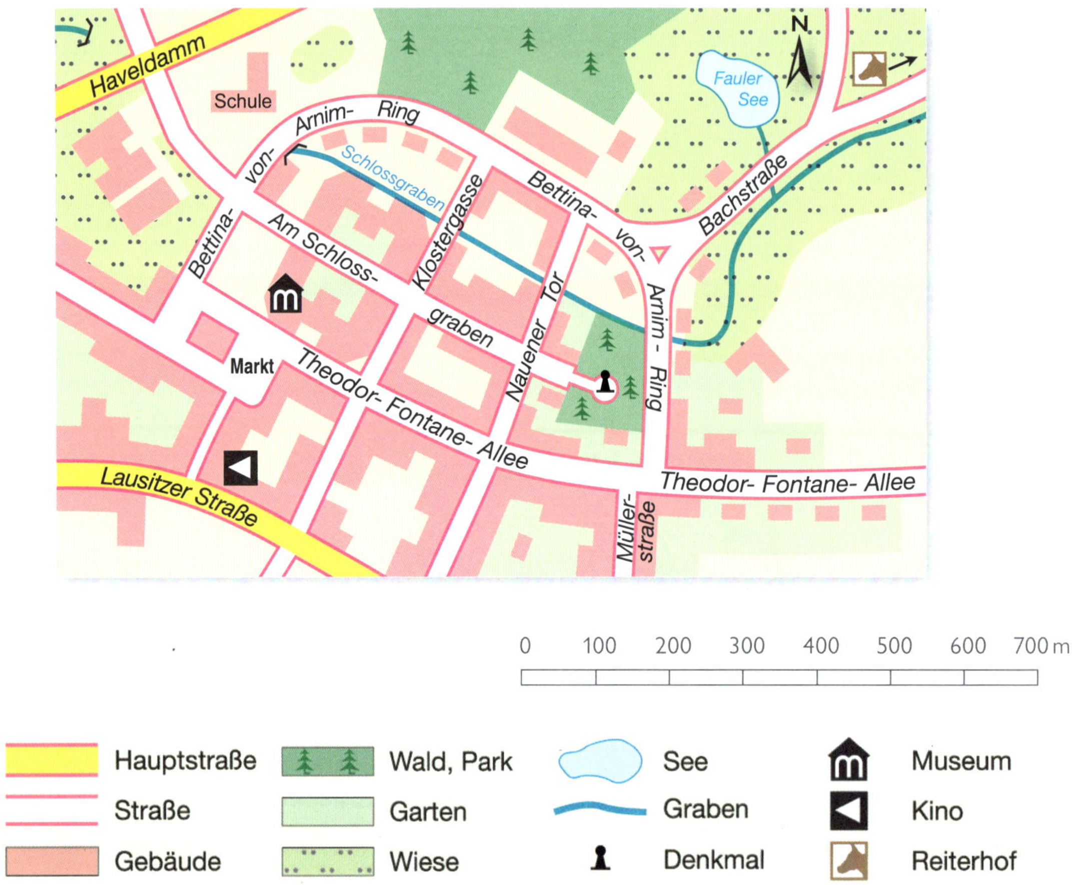

2 Finde die Orte im Plan. Trage ein.

Name einer Hauptstraße: ______

An dieser Straße gibt es viele Gärten: ______

Name der Gewässer: ______

______

Lage des Museums: ______

Einen Plan lesen und Aussagen dazu treffen (Nordpfeil, Himmelsrichtungen, Sprachentwicklung: nördlich von …, grenzt im Süden an …); sich mithilfe der Legende im Ortsplan orientieren, bestimmte Ortslagen benennen

3 Ergänze den Text mit Hilfe der Legendenzeichen.

Ich sehe die ____________________.

Sie heißen: ______________________________.

An den Straßen stehen viele ____________ mit roten Dächern.

Dieses grüne Gebiet ist der ____________.

Das ________________ steht am Ende der Straße:

______________________.

In der Nähe des ________________ befindet sich

ein ______________.

An der Lausitzer Straße liegt das __________.

4 Miss Entfernungen. Nutze dazu den Ortsplan.

Miss mit Papiermessstreifen

- Kennzeichne auf dem Messstreifen Anfangspunkt und Endpunkt.
- Lege ihn dann an die Maßstabsleiste der Karte an.
- Stelle die jeweilige Entfernung fest.

Direkte Entfernung: Museum – Denkmal	Direkte Entfernung: Kino – Fauler See
______________	______________

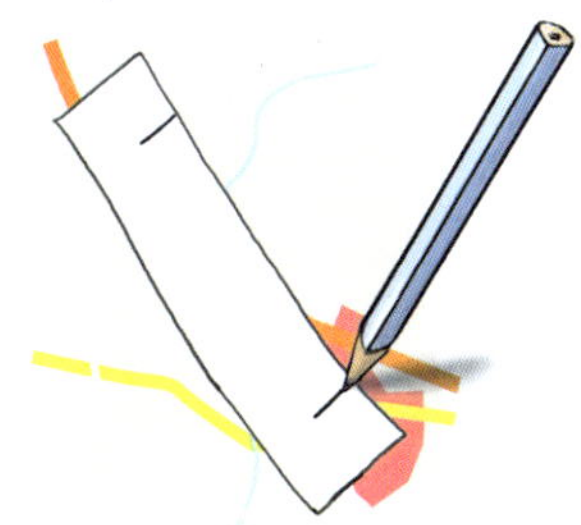

Miss mit einem Faden entlang der Straßen

Achte darauf, Kurven mit dem Faden sorgfältig auszulegen.

Wegentfernung: Denkmal – Kino	Wegentfernung: Schlossgraben – Markt
______________	______________

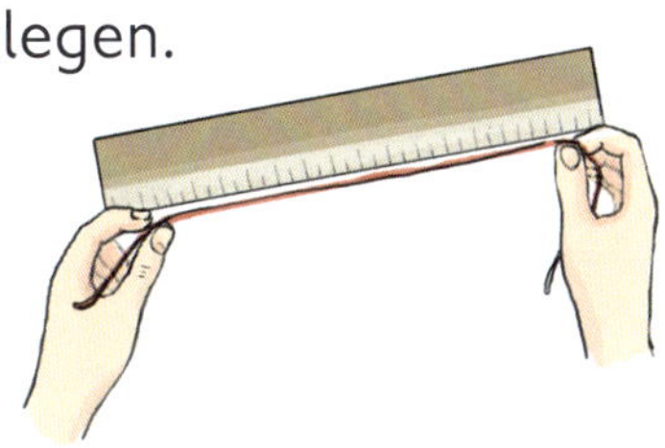

Öffentliche Einrichtungen

Schulen, Rathäuser, Krankhäuser, Museen, Sportanlagen, Bibliotheken und Theater sind öffentliche Einrichtungen in Wohnorten.
Alle Einwohner können sie nutzen.

1 Betrachte das Bild. Erzähle und schreibe.

Eine nützliche Einrichtung ist die ______________________.

So kann ich sie nutzen:

____

____

____

____

____

2 So heißt eine Sportanlage in meinem Ort: ______________________.

____

Dort kann man ______________________.

3 Welchen Sport magst du?

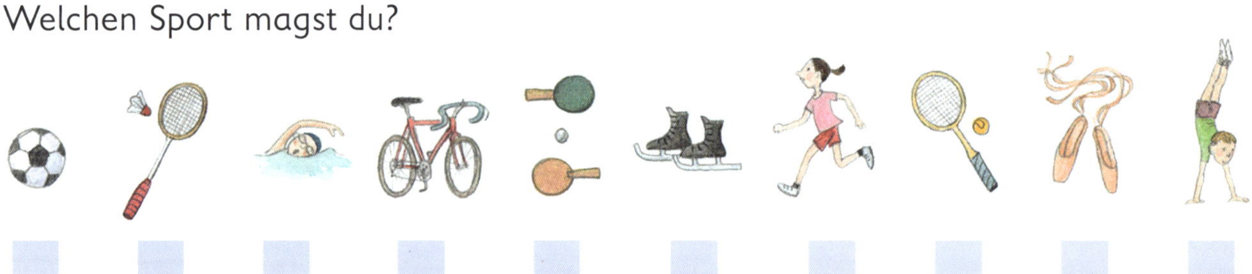

„Öffentliche Einrichtungen" als Orte besprechen, die eine Gemeinde allen Bewohnern zur Nutzung zur Verfügung stellt; Bibliothek und Sportanlage als öffentliche Einrichtung näher beschreiben; eigene Aktivitäten in öffentlichen Einrichtungen benennen

4 Wobei hilft die Feuerwehr?

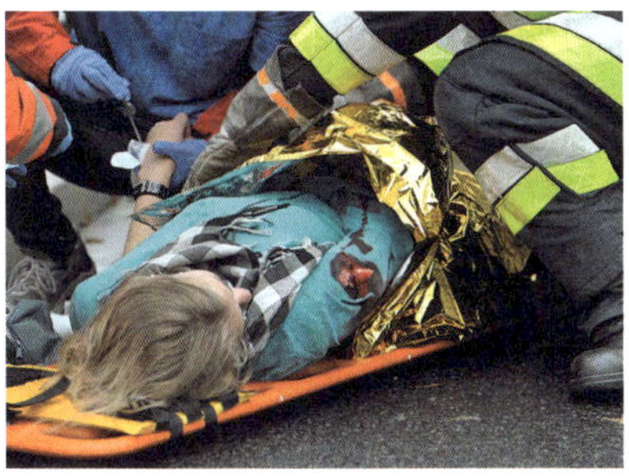

Die Feuerwehr:

- löscht Brände.
- regelt den Verkehr.
- rettet Menschen aus der Not.
- rettet Tiere.
- nimmt Diebe fest.
- schützt Orte vor Hochwasser.
- räumt umgestürzte Bäume weg.

5 Wer betreut im Krankenhaus kranke Menschen?

6 Das Rathaus ist der Arbeitsplatz vom Bürgermeister oder der Bürgermeisterin. Wie heißt er/sie in deinem Ort?

Seit wann ist er/sie im Amt?

Mithilfe der Bilder (Brand löschen, Sachgüter vor Hochwasser schützen, Menschen retten, Gefahrgut bergen) Aufgaben der Feuerwehr erkennen, sich darüber informieren;
Informationen zum Bürgermeister/zur Bürgermeisterin sammeln

S. 3

Arbeit haben

1 Die Fotos zeigen Menschen bei der Arbeit und in der Freizeit.

Schreibe die passenden Nummern auf.

Welche Bilder zeigen Menschen bei der Arbeit?	Welche Bilder zeigen Menschen in ihrer Freizeit?

2 Was fällt dir zu diesen Wörtern ein?

Arbeit	Freizeit

Arbeit (ausgeübte Tätigkeit, in der man Produkte erschafft oder Ergebnisse erreicht) und Freizeit (Zeit außerhalb der Arbeitszeit, zur freien Gestaltung des Lebens) unterscheiden; Bilder zuordnen, eigene Gedanken zu den Begriffen darlegen

3 Befrage einen Erwachsenen zu seiner Arbeit. Sprecht in der Klasse über die Ergebnisse.

1. Was arbeiten Sie?
2. Warum machen Sie diese Arbeit?
3. Gefällt Ihnen Ihre Arbeit? Warum? Oder: Warum nicht?

4 Lies die Texte. Begründe, warum Arbeit für diese Menschen wichtig ist.

Ich finde es traurig, wenn Leute ihren Müll draußen hinwerfen. Meine Arbeit finde ich sinnvoll, weil ich erforsche, wie man Waren umweltfreundlich verpackt.

Ich trage Zeitungen aus, um meine Rente aufzubessern. Außerdem bewege ich mich dann bei jedem Wetter.

Wir haben zwei Kinder. Ich versorge den Haushalt. Meine Frau geht arbeiten, damit das Geld zum Leben reicht.

Wie wir unseren Ort verändern wollen

1 Bewerte mit Punkten: Ist die Umgebung, in der du wohnst, kinderfreundlich?

●●●● super
●●● gut
●● okay
● nicht so gut

Bebauung/Häuser	Die Nachbarn	Sportplätze
 ○○○○	 ○○○○	 ○○○○
Erholung	**Grünflächen/Parks**	**Verkehr**
 ○○○○	 ○○○○	 ○○○○

2 Schreibe auf: Was ich mir für meinen Ort wünsche.

Das eigene Wohnumfeld nach bestimmten Kategorien bewerten;
die eigenen Wünsche zur Veränderung im Ort reflektieren und notieren

S. 2

3 Befrage Kinder und Erwachsene zu ihren Wünschen.

Meine Wünsche	Antworten
Veränderung in meiner Straße	
Verkehrsverbindungen im Wohngebiet	
Freizeitangebote im Wohngebiet	

4 Eure Bürgermeisterin oder euer Bürgermeister hat deine Klasse zum Gespräch eingeladen.
Mache dir Notizen, was du fragen oder sagen möchtest.

S. 3

Leben und wohnen in der Steinzeit

1 Die Steinzeit begann vor etwa 2,5 Millionen Jahren.
Wissenschaftler teilen sie in Zeitabschnitte ein. Erzähle zum Schaubild.

Stein als Werkzeug,
Höhlenmalerei

Landwirtschaft,
Töpferwaren

2,5 Mio. Jahre vor unserer Zeit	9.500	5.500	2.200 Jahre vor unserer Zeit
◀ früher **Altsteinzeit** ▶	**Mittelsteinzeit** ▶		**Jungsteinzeit** heute ▶

2 Stimmen die Aussagen? Kreuze an.

In der Altsteinzeit ...	richtig	falsch
... lebten die Menschen in Baumhäusern.		
... malten die Menschen Höhlenbilder.		
... gab es Hosen aus Tierfell. Forscher haben sie ausgegraben.		
... waren die Menschen Jäger und Sammler.		
In der Jungsteinzeit ...	**richtig**	**falsch**
... wurden die Menschen sesshaft.		
... nutzten die Menschen Sägen, um Bäume für die Häuser zu fällen..		
... hatten die Häuser viele große Fenster, damit der Rauch besser abziehen konnte.		
... töpferten die Menschen Gefäße, die sie oft auch verzierten		

Dem Schaubild Informationen entnehmen, die Bilder zur Altsteinzeit und zur Jungsteinzeit beschreiben;
Aussagen zur Altsteinzeit und zur Jungsteinzeit lesen und die Richtigkeit bewerten

S. 2

3 Lies die Sätze. Ergänze sie mit passenden Wörtern.

Bäume	Hacken	Brunnen	Vorräte	Kräuter

Als die Menschen sesshaft wurden, veränderte sich viel für sie.
Um Platz für die Häuser und Felder zu bekommen,

mussten sie ______________________ fällen.
Für die Arbeit auf den Feldern erfanden die Menschen neue Geräte,

zum Beispiel Sicheln, ______________________ und später auch Pflüge.
Felder, Gärten und Häuser mussten geschützt werden:
vor Wildtieren, aber auch vor räuberischen Menschen.

Weil sie Wasser brauchten, gruben sie ______________________.

Es mussten ______________________ angelegt werden.
Die Menschen nutzten dazu Erdgruben, Höhlen und Speicher.
Um ihre Nahrung zu ergänzen, gingen die Menschen weiterhin zur Jagd

und sammelten Früchte, Pilze und ______________________.

4 Was könnte in der Jungsteinzeit auf dem Speiseplan gestanden haben?
Kreuze an.

1

2

3

4

5

6

7

8

Begründe hier ein Beispiel:

☐ ____

Fachbegriffe in einen Lückentext einsetzen; mit dem erworbenen Wissen entscheiden, welche Lebensmittel den Menschen in der Jungsteinzeit zur Verfügung standen

Bedeutung des Feuers heute

1 Wie nutzen wir das Feuer heute?
Setze die Wörter zusammen. Beschrifte die Bilder.

Gas-, Kamin-, Garten-, Stahl-, Verbrennungs-, Advents-	-werk, -ofen, -herd, -kranz, -grill, -motor

________________ ________________ ________________

________________ ________________ ________________

2 Ergänze den Lückentext zum Entstehen eines Feuers.

Damit ein Feuer entstehen kann, muss ein ________________ vorhanden sein. Der Brennstoff muss erhitzt werden, bis eine bestimmte ________________ erreicht ist. Die Flammen entstehen aber nur, wenn ________________ in der Umgebung ist. Um ein Feuer zu ________________, muss man mindestens eine dieser Bedingungen beseitigen.

Den Nutzen des Feuers für den Menschen mithilfe von Bildern benennen;
die drei Bedingungen für die Entstehung eines Feuers im Lückentext notieren

3 Führt das Experiment durch.

Ein Erwachsener muss unbedingt dabei sein.

Brennbares und nicht brennbares Material

Frage: Welches feste Material brennt?

Du brauchst:

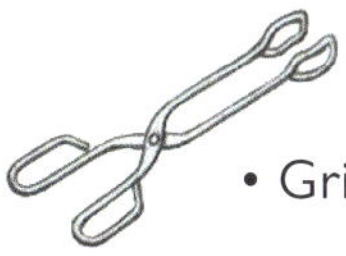

- ein feuerfestes Gefäß (Kochtopf)
- eine große feuerfeste Unterlage (Glasplatte)
- einen Eimer mit Wasser
- Grillzange
- Streichhölzer
- Teelicht
- Material aus der Tabelle

Vermutung: Welches feste Material brennt?
Malt die Kästchen in den passenden Farben aus.

Das Material brennt schnell.	Das Material braucht länger, um zu brennen.	Das Material brennt nicht.	Das Material schmilzt.

Papier		Holz		Pappe	
Stein		Büroklammer		Grillkohle	
Wolle		Kieselstein			

Geht so vor:

- Stellt das Teelicht auf eine feuerfeste Unterlage und zündet es an.
- Nehmt das Material mit der Zange und haltet es dann über die Flamme.
- Legt die Verbrennungsreste in das feuerfeste Gefäß.

Beobachtung:

Tragt die Ergebnisse ein. Nutzt die oben angegebenen Farben.

Papier		Holz		Pappe	
Stein		Büroklammer		Grillkohle	
Wolle		Kieselstein			

Ein Experiment zu brennbaren und nicht brennbaren Stoffen durchführen, dabei die eigenen Vermutungen und Beobachtungen dokumentieren

S. 10/11

Wie bleibe ich fit?

Ich übe Fußstand auf zwei Beinen.

1 Betrachte die Bilder und sprich darüber.
Warum machen diese Übungen fit?

1

1 Frühsport macht munter

2

2

3

3

4

4 Kraft geben mir

Bilder zu den sportlichen Übungen betrachten und beschreiben, Bedeutung der Übungen für eigenes Wohlfühlen und eine gesunde Lebensführung notieren

2 Welche Kinder zeigen eine ungesunde Körperhaltung?
Kreuze die Bilder an.

3 Setze diese Wörter in den Lückentext ein.

Bewegung gehe Körperhaltung
Rückenschmerzen trage sitze stehe

Wenn ich falsch ____________, ____________, ____________

oder Lasten falsch ____________ oder hebe, belaste ich meinen Rücken

stark. So können ____________ entstehen.

____________ und eine gute ____________

fördern meine Gesundheit, und es sieht auch besser aus.

4 Gestalte ein Lapbook zum Thema:
So bleibe ich gesund und fit.

Die einzelnen Szenen betrachten, ungesunde Körperhaltung kennzeichnen; den Lückentext ergänzen, sich dabei mit der eigenen Körperhaltung auseinandersetzen; ein Lapbook zum vorgegebenen Thema gestalten

S. 8/9

Unsere Sinne

1 Alle Sinne kannst du an deinem Kopf erkennen.
Beschrifte die Abbildung.

Gehörsinn   Geruchssinn   Geschmackssinn   Sehsinn   ~~Tastsinn~~

2 Was nehmen deine Sinne beim Essen eines Zwiebacks wahr?
Schreibe auf.

Sinnesorgane	Das nehme ich wahr
Zunge	
Nase	
Auge	
Haut	
Ohr	

Sinne und Sinnesorgane zuordnen; eine Sachzeichnung beschriften; die Leistungen der Sinnesorgane beim Essen wahrnehmen; diese Wahrnehmungen notieren und darüber reflektieren, u.a. wie Sinnesorgane zusammenwirken

3 Wie orientieren sich blinde Menschen? Ergänze den Text.

Brailleschrift   Blindenführhund   Geräuschen   Geruchssinn   Tastsinn   Taststocks

Menschen, die nicht sehen können, orientieren sich durch das Hören

von ______________________________ ,

mit dem ______________________ und dem ______________________ .

Personen, mit denen sie viel zu tun haben, erkennen sie oft schon

an ihren Schritten oder an ihrem Körperduft.

Die Form von Dingen ertasten sie mit den Fingern.

Mit Hilfe eines ______________________________

erspüren sie Hindernisse auf ihren Wegen.

Oft unterstützt sie ein ______________________________ dabei,

sich im Alltag zurechtzufinden.

Sie lernen meist die __________________________ lesen,

bei der sie die nach außen gewölbten Punkte mit den Fingern ertasten.

4 Gestalte ein Lapbook zum Thema „Meine Sinne".
Was soll es zeigen? Sammle Stichworte.

____

____

____

____

____

Unsere Ohren

Наши уши

1 Nummeriere die Teile des Ohres im Bild.

1 Ohrmuschel
2 Gehörgang
3 Trommelfell
4 Gehörknöchelchen
5 Hörschnecke
6 Hörnerv

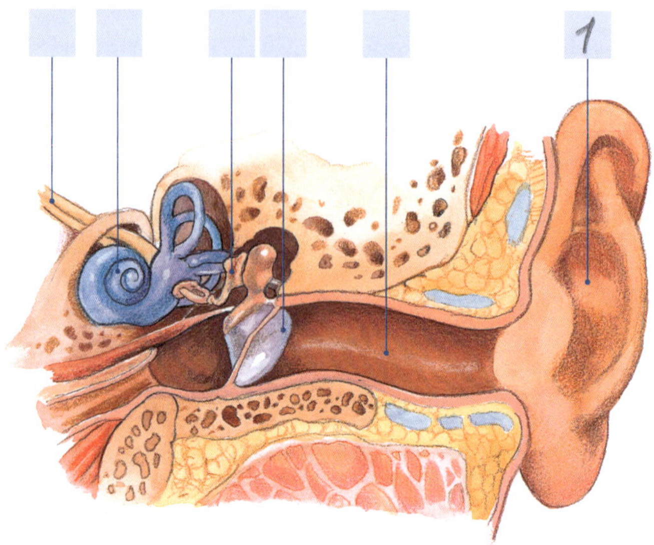

опасности изобра

2 Kreise die Bilder ein, die Gefahren für dein Ohr zeigen.

Die Sachzeichnung zum Ohr beschriften; den Grundaufbau dieses Sinnesorgans kennenlernen; Bilder zu Gefahren für das Ohr einkreisen und deuten; Folgen gefährlicher Geräusche besprechen, Wissen zur Gesundherhaltung auf eigene Verhaltensweisen übertragen

3 Wie funktioniert das Ohr? Ergänze die Sätze.
Nutze auch das Bild auf Seite 34.

Gehörgang | Gehörknöchelchen | Hörnerv | Hörschnecke
Ohr | Ohrmuschel | ~~Schall~~ | Trommelfell

1 Der Schall dringt durch die Luft an mein ______.

Die ______ sammelt den Schall.

2 Durch den ______ wird der Schall weitergeleitet.

3 Der Schall lässt das ______ schwingen.

4 Durch die ______ wird der Schall verstärkt.

5 Der Schall wird in der ______ in Signale umgewandelt.

6 Die Signale werden durch den ______ an dein Gehirn weitergeleitet. Du hörst.

4 Warum muss ich meine Ohren schützen? Ergänze die Sätze.

Meine Augen kann ich schließen. Die Ohren aber ______.

Lärm oder sehr laute ______ können mein Gehör schädigen. Das kann zur Taubheit führen.

Deshalb brauchen meine ______ ab und zu eine Ruhepause.

Denn: Wer schwerhörig wird, kann sich ______

______.

Den Lückentext ergänzen, Schallempfang und Weiterleitung beschreiben, Text und Bild auf S. 34 in Zusammenhang bringen und dadurch die Leistungen der Sinnesorganteile kennenlernen; Schädigung des Hörvermögens und Beeinträchtigung einer Sinnesfunktion (Hören) durch eine Textergänzung festigen

Essen und verdauen

1 Die Lebensmittel-Pyramide hilft dir, dich gesund zu ernähren.
Wie viel von den Lebensmitteln solltest du essen und trinken?
Male die Farben der Pyramide in die Kreise.

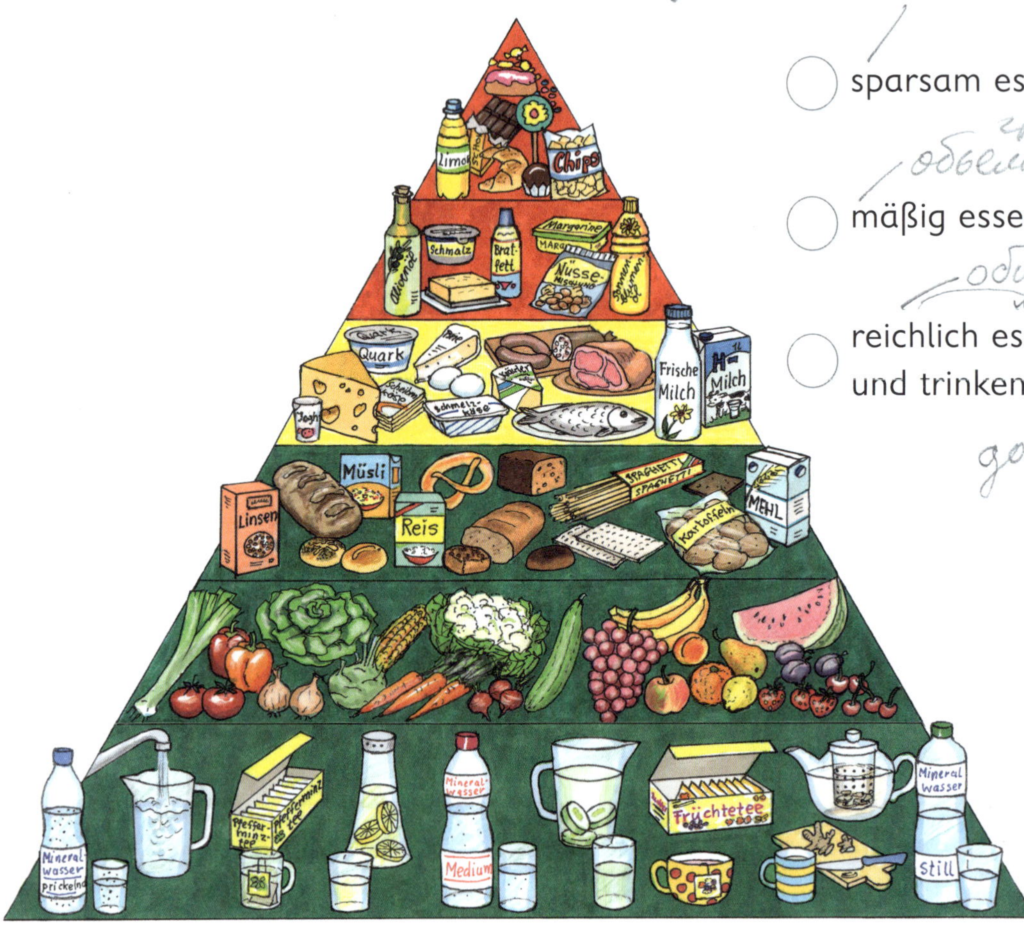

◯ sparsam essen

◯ mäßig essen

◯ reichlich essen und trinken

2 Schreibe einige Lebensmittel aus der Pyramide in die Tabelle.

Davon sollte ich viel essen und trinken:	Davon sollte ich ausreichend essen und trinken:	Davon sollte ich sehr wenig essen und trinken:

Lebensmittel in der Pyramide erkennen, Wissen über gesunde Ernährung festigen; Mengenverhältnisse beim Essen von Nahrungsmitteln klären; Beispiele in die Tabelle eintragen, eigene Ernährungsweise einschätzen

3 Unsere Nahrung wird im Körper verdaut.
Ergänze die Namen der Verdauungsorgane.
After Dickdarm Dünndarm Magen Mund ~~Speicheldrüse~~ Speiseröhre
Ziehe dann Linien von den Texten zu den Verdauungsorganen.

Im ____________
zerkauen Zähne die Nahrung.

Der Speichel aus der Speicheldrüse macht die Nahrung feucht.

Beim Schlucken gelangt die zerkaute Nahrung in die ____________.
Muskeln befördern den Speisebrei weiter.

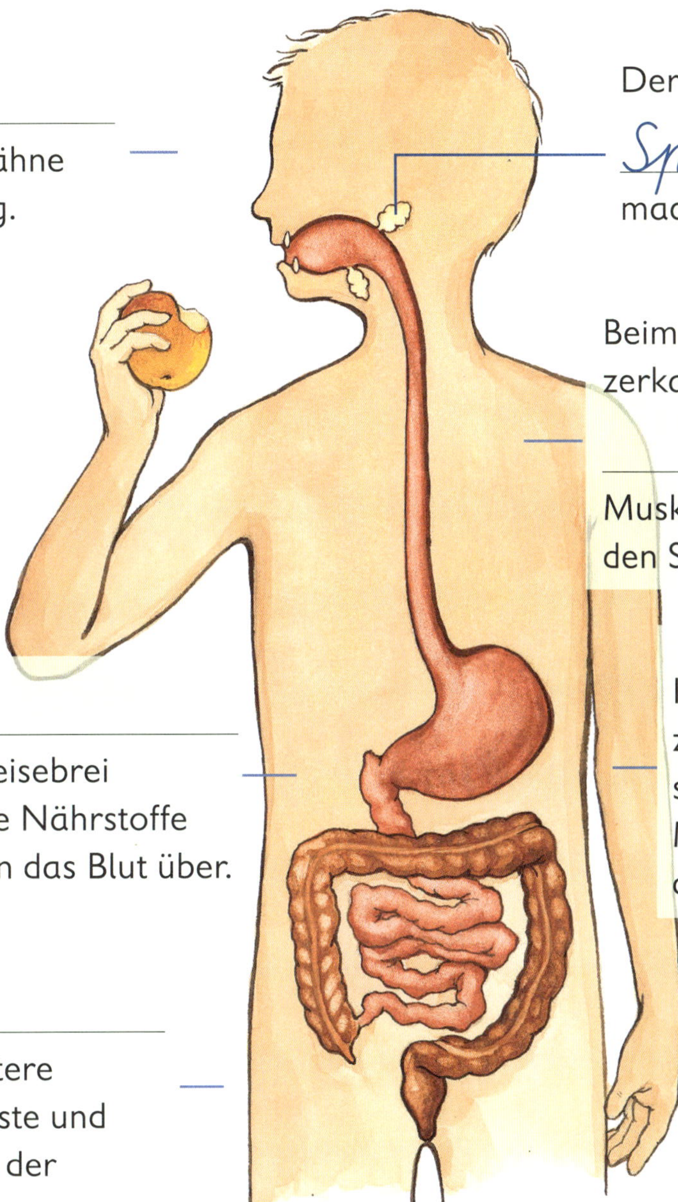

Im ____________
wird der Speisebrei zerlegt. Viele Nährstoffe gehen hier in das Blut über.

Im ____________
zerlegt die Magensäure die Nahrung. Muskeln durchmischen die Nahrung.

Im ____________
werden weitere Nährstoffreste und Wasser aus der Nahrung gezogen.

Unverwertbare Reste werden als Kot über den ____________ ausgeschieden.

4 Stellt ein Quiz zur gesunden Ernährung zusammen.
Nutzt dazu Bücher oder das Internet, z.B. www.Fragfinn.de

Einen Lückentext zur Verdauung ergänzen; die Texte einer Illustration des Verdauungsapparates zuordnen; ein Quiz zur gesunden Ernährung mithilfe von Sachbüchern und dem Internet erstellen

S. 2, 3, 13

Gesund bleiben

1 Was passt zusammen?
Verbinde Bild und Text.
Diskutiert über die Bilder und Texte.

Sei nicht leichtsinnig.
Vermeide Unfälle.

Bewege dich viel
an frischer Luft.
Mache mit bei
verschiedenen Sportarten.

Lerne deinen Körper kennen.
Nimm seine Signale wahr –
zum Beispiel bei Stress.
Finde Wege, um dich wieder
besser zu fühlen.

Ernähre dich gesund.
Vermeide Übergewicht.

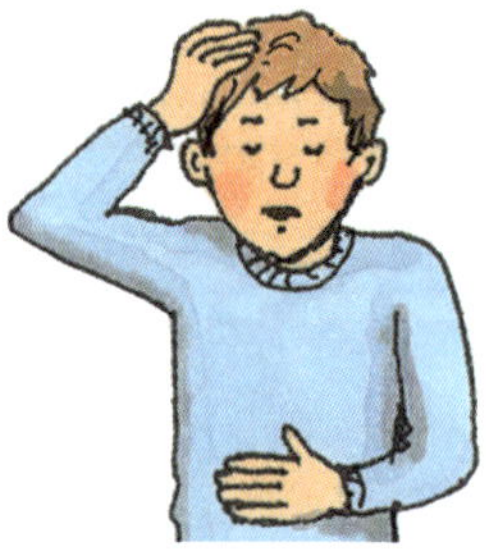

Ärztlicher Rat hilft,
Krankheiten zu vermeiden.
Gehe regelmäßig
zum Zahnarzt.

Regeln für einen verantwortungsbewussten Umgang mit sich selbst beachten,
Bilder und Texte entsprechend zuordnen

Wenn du oft müde und gereizt bist, schlechte Laune,
Kopfschmerzen und Bauchschmerzen hast
oder zu viele Fehler machst, bist du vielleicht gestresst.

2 Im Suchsel haben sich acht Wörter versteckt, die Stress auslösen können.
Male die Wörter an.

O	M	O	B	B	I	N	G	M	X	K	R	T
B	B	D	T	D	L	E	K	F	L	Ä	R	M
I	S	P	Z	E	I	T	D	R	U	C	K	W
G	H	J	L	B	S	P	X	K	T	S	L	U
Y	H	U	N	O	R	D	N	U	N	G	N	D
Q	Ä	R	G	E	R	R	S	T	R	E	I	T
E	Y	W	J	R	O	M	C	C	K	H	D	T
K	L	A	S	S	E	N	A	R	B	E	I	T
T	E	I	N	S	A	M	K	E	I	T	H	X
A	S	K	L	F	E	N	O	G	R	S	I	M

3 Was hat Hannah mit der Antwort gemeint?

Paul 

Welcher ist der beste Weg zur Gesundheit?

Der Fußweg.

 Hannah

4 Was kannst du tun, um dich wohlzufühlen und dich vom Stress zu erholen?
Schreibe Beispiele auf.

Das tut mir gut:

S. 5

Über die Bedeutung eines nachhaltigen Lebensstils reflektieren; Auslöser für Stress im Suchsel finden und markieren;
Signale des Körpers bewusst wahrnehmen und Maßnahmen zum eigenen Wohlbefinden benennen

Aus der Werbung

1 Betrachte das Bild.
Wo und wie wird für Produkte geworben?

2 Fülle die Tabelle zum Bild in Aufgabe 1 aus.
Finde vier Beispiele:

Womit wird geworben	Wofür wird geworben?

In einer Straßenszene Werbung finden; benennen, womit (Werbeträger) und wofür (Produkt) geworben wird

3 Hast du heute schon Werbung wahrgenommen?
Beantworte die Fragen:

Wo wurde geworben? ______________________________

Wie wurde geworben? ______________________________

Für was wurde geworben? ______________________________

4 Welche Werbung hat deine Familie oder dich schon zum kaufen angeregt?
Frage nach und schreibe auf.

____

____

____

____

5 Suche dir eine Werbung für ein Kinderprodukt aus. Schreibe auf:

Wofür wird geworben?

____

Wen soll die Werbung ansprechen?

____

Was wird in der Werbung gezeigt?
Was fällt dir besonders auf?

____

____

____

____

Was denkst und fühlst du während der Werbung?

____

____

____

____

S. 13

Meine Wünsche

1 Sicherlich sind in deinem Kopf viele Wünsche.
Klebe oder male sie hinein.

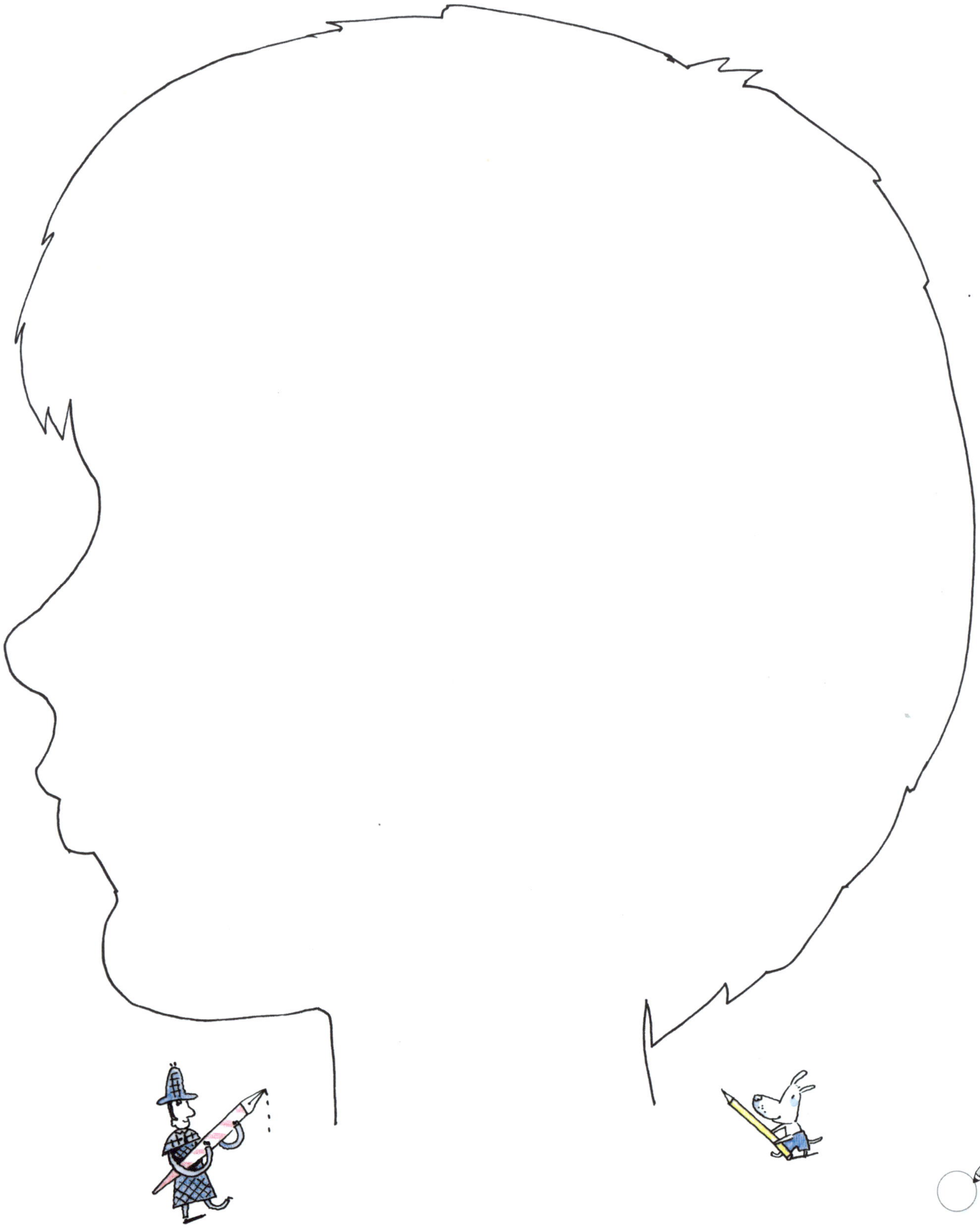

Sich eigener Wünsche bewusstwerden und diese auf der Seite
mit verschiedenen Darstellungsformen festhalten

2 Frage ein anderes Kind, was es sich wünscht.
Male oder schreibe diese Wünsche in die Gedankenblasen.

3 Kreise in Aufgabe 1 und 2 ein:

Wünsche, die man mit Geld erfüllen kann

Wünsche, die man nicht mit Geld erfüllen kann

4 Vergleiche deine Wünsche und die des anderen Kindes.
Was fällt dir besonders auf?

____

____

Die Wünsche eines anderen Kindes erfragen und dokumentieren; über (un-) erfüllbare Wünsche philosophieren; Wünsche miteinander vergleichen

S. 5

Obst und Gemüse

1 Kreise das Obst grün und das Gemüse gelb ein.
Du kannst die Bilder auch beschriften.

2 Dieses Obst mag ich:

Dieses Gemüse mag ich:

Bilder den Kategorien „Obst“ und „Gemüse“ zuordnen, die Bilder beschriften;
eigene Vorlieben beim Essen von Obst und Gemüse aufschreiben

3 Welches Obst wird in eurer Klasse am liebsten gegessen?
Nutzt die Ergebnisse von Aufgabe 2 und stellt eine Strichliste zusammen.
Zeichne mit Hilfe der Liste ein Säulendiagramm.

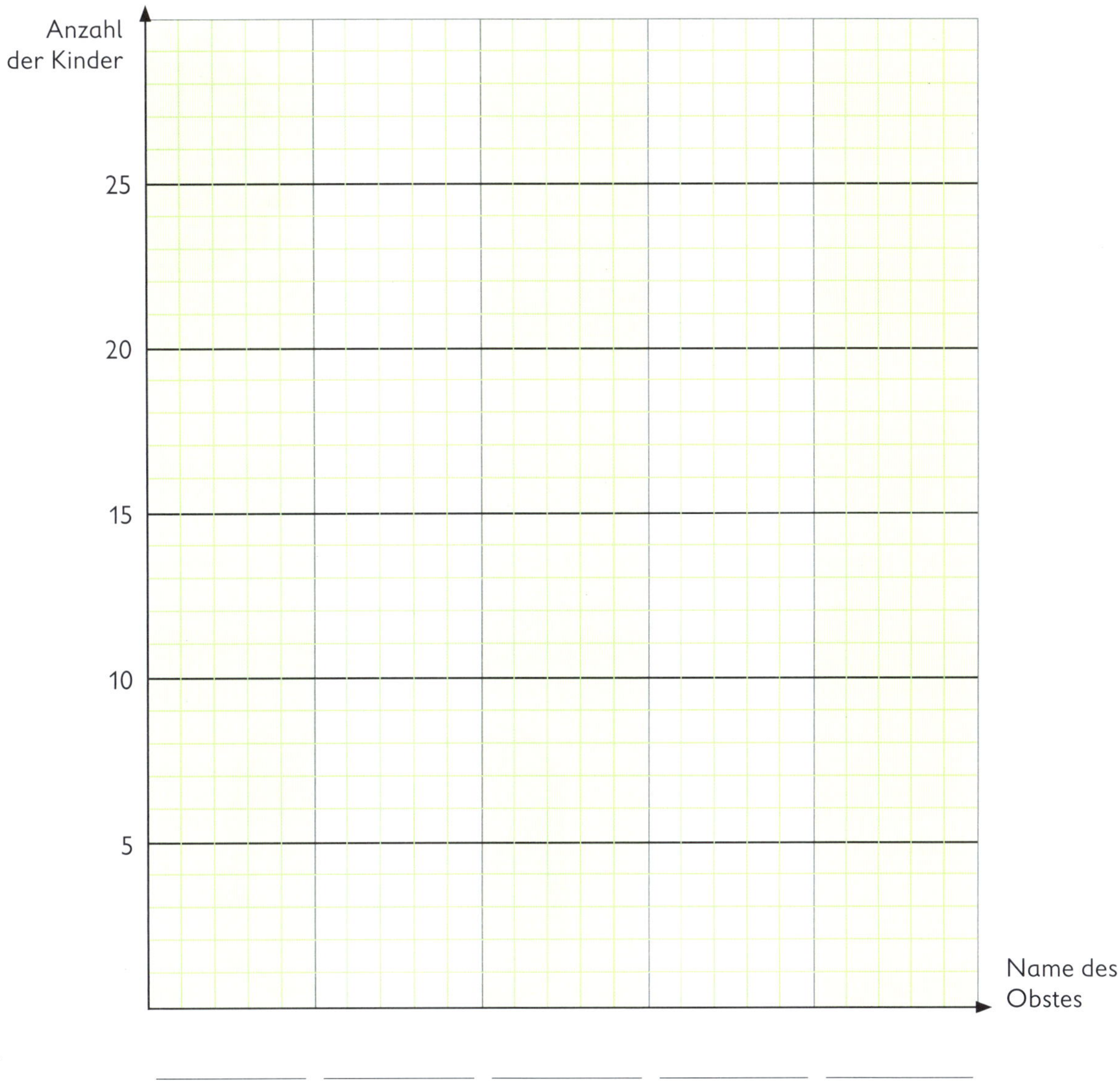

4 Finde Beispiele:
Welches Gemüse wächst über der Erde?

____

Welches Gemüse wächst unter der Erde?

____

5 Mit Hilfe der Seite 55 kannst du ein Gemüse-Domino erstellen.

Eine Befragung in der Klasse zum Thema „Lieblingsobst" durchführen; die Ergebnisse in einem Säulendiagramm veranschaulichen; ein Gemüse-Domino mit Hilfe der Seite 55 gestalten

S. 16

›ohnen keimen

..· ʳeuerbohnen einen Tag ins Wasser.

Frage: Was passiert mit den Bohnen im Wasser?

Feuerbohnen

____

____

Zeichne den Vergleich:
trockene Bohne und gewässerte Bohne.

2 Zerlege eine Bohnen vorsichtig in ihre Teile. Beschrifte das Foto.

Teile der Feuerbohne

1 Schale
2 Keimblätter
3 Keimwurzel
4 Keimstängel
5 Laubblatt

3 Vermute, welche Aufgabe die Keimblätter während der Keimung haben? Kreuze an.

Aussage	Ja	Nein
Die Keimblätter versorgen den Keimling mit Licht im Dunklen.		
Die Keimblätter sorgen dafür, dass der Keimling Platz zum Keimen hat.		
Die Keimblätter speichern Nahrung. Sie ernähren den jungen Keimling.		

Feuerbohne in Wasser aufquellen lassen, zuvor vermuten, was bei diesem Vorgang passiert;
Feuerbohne zerlegen, betrachten und Einzelteile benennen

4 Führt das Experiment durch.

Was brauchen Feuerbohnen zum Wachsen?

Ihr braucht:
- vier Töpfe mit Erde
- Wasser zum Gießen
- Haube zum Bedecken
- Bohnensamen aus Aufgabe 2

Geht so vor:
- Drückt in jeden Topf vier Samen in die Erde – etwa 2 cm tief.
- Stellt die Töpfe an 1 2 3 4 Orten auf. Beobachtet etwa 14 Tage.

- Vermutet und malt unter jedem Bild aus:
  Die Pflanze wächst ▇ wächst etwas ▇ wächst nicht ▇

1 am Fenster, gießen

2 am Fenster, nicht gießen

3 im Dunkeln, gießen

4 im Kühlschrank, gießen

- Beobachtet und malt unter jedem Bild aus: ▇ ▇ ▇

Ergebnis:

Zum Wachsen braucht eine Pflanze

____

Rund um das Mischbrot

1 Im Mischbrot werden Weizenmehl und Roggenmehl verarbeitet.
Beschrifte beide Getreidepflanzen.

2 Lies die Texte. Unterstreiche wichtige Wörter.
Ordne dann die Nummern der Texte den Bildern zu.

1 In der Mühle wird die Qualität des Getreides untersucht. Danach wird es gemahlen.

2 In großen Silos wird das Getreide gelagert, damit es bis zum Mahlen frisch bleibt.

3 Mit dem Mähdrescher wird das Getreide geerntet. Schon auf dem Feld wird es auf Anhänger verladen.

Sachzeichnungen der Getreidepflanzen beschriften; Texte und Bilder zum Weg des Getreides vom Feld bis in Bäckerei zuordnen

3 Beschreibe die Arbeitsgänge zum Brotbacken in einer Bäckerei.
Nutze die Fotos und die Wörter.

Zutaten mischen | Teig backen | Teig formen

Mehl sieben | Teig kneten | Teig wiegen | Teig ruht

4 Schreibe ein Rezept für ein Brot auf.

Zutaten:

Zubereitung:

Die Arbeitsgänge bei der Herstellung von Brot aufschreiben, dazu Stichwörter und Fotos als Schreibhilfe nutzen; ein Rezept aufschreiben

S. 14/15

Hühnerhaltung

1 Was tun diese Hühner? Schreibt passende Wörter auf ein Blatt.

1

2

3

4

5

6

7

8

2 Schreibe eine Geschichte zum Leben der Hühner.
Die Bilder und Wörter aus Aufgabe 1 helfen dir

Die Bilder über Aktivitäten von Hühner interpretieren, dazu eine Geschichte schreiben; die Bedeutung des Haushuhnes für den Menschen erfassen

S. 14/15

3 Betrachte die Fotos und lies die Texte.
Ordne die Nummern der Sätze zu **A** und/oder **B**.

A Die meisten Legehennen werden in Bodenhaltung gehalten.

____

B Eine geringere Anzahl der Legehennen lebt in Freilandhaltung.

____

1 Die Hühner sind nur im Stall.

2 Die Hühner sind im Stall und im Freien.

3 Die Tiere können im Freien picken und scharren.

4 Der Stallboden ist teilweise mit Stroh und Sand bestreut.

5 Im Stall gibt es Sitzstangen.

6 Es gibt Nester zum Eierlegen.

7 Die Hühner haben weniger Platz zum Umherlaufen.

8 Die Hühner haben viel Platz zum Umherlaufen.

9 Die Hühner fressen Körner, Würmer und Schnecken.

10 Die Hühner werden gefüttert.

4 Es gibt auch die ökologische Haltung und die Käfighaltung von Legehennen.
Forsche im Internet nach.

5 Vergleiche die Vor- und Nachteile der verschiedenen Haltungen von Legehennen.

Haltung von Milchkühen

1 Warum halten wir Milchkühe? Ergänze.

Milchkühe sind wichtige Nutztiere. Sie geben Milch. Milch ist gesund für die meisten Menschen. Aus Milch stellen wir vieles her: Butter, Joghurt, Käse, Sahne …

____

____.

2 Lies den Text. Beantworte die Fragen.

Bauern halten Milchkühe auf der Weide oder in Großanlagen.
Milchkühe bewegen sich gern auf einer Weide und fressen dort gesundes frisches Gras und Kräuter. Das kostet wenig.
Heute leben viele Milchkühe in Großanlagen. Dort können sie sich weniger bewegen als auf der Weide.
Jeden Tag bekommen sie Gras, Heu, Stroh und Kraftfutter.
Das Futter muss der Bauer anbauen, ernten und in den Stall zu den Kühen bringen. Das kostet Zeit und Geld.
Die Milchkühe in den Großanlagen geben jedoch viel mehr Milch als die Kühe auf der Weide.

Kühe auf der Weide

Kühe im Melkstand einer Großanlage

Welche Tierhaltung ist teurer für die Bauern?	
☐ Kühe auf der Weide	☐ Kühe in Großanlagen
Welche Milchkühe geben mehr Milch?	
☐ Milchkühe von der Weide	☐ Milchkühe aus den Großanlagen

Milchprodukte von den Bildern ableiten; den Text über Milchkühe analysieren; wesentliche Informationen über artgerechte Tierhaltung von Nutztieren verstehen; Weidehaltung und Stallhaltung von Milchkühen vergleichen, Vor- und Nachteile erkennen

Zum Ausschneiden (2)

Gemüse-Domino

	Gurken	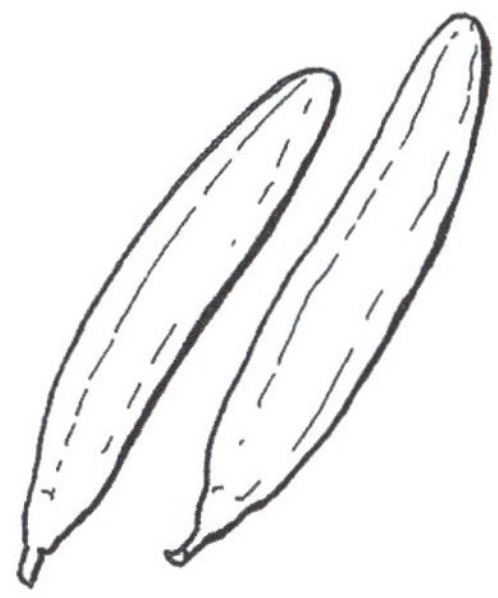	Kartoffeln
	Brokkoli		Porree
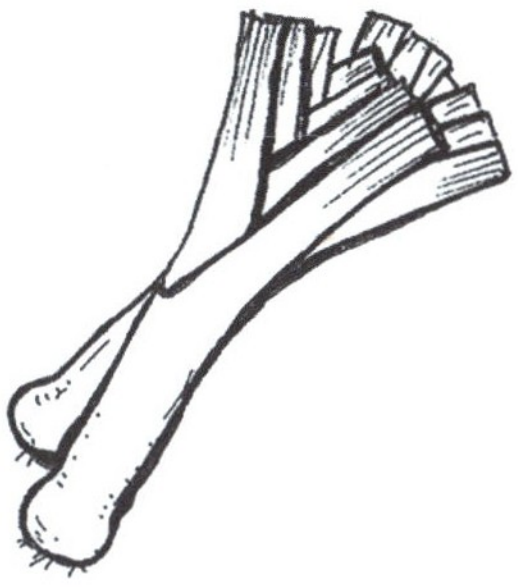	Möhren	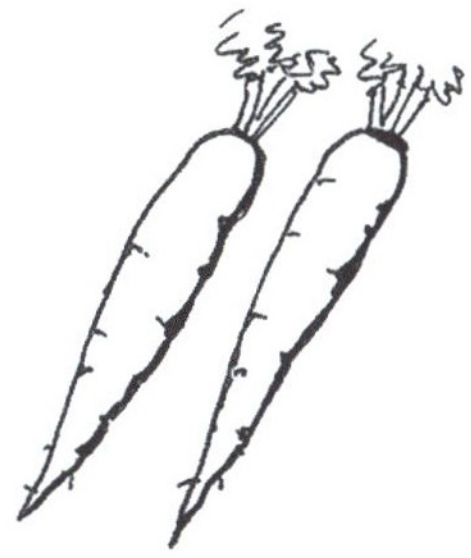	Rote Beete
	Tomaten		Zwiebeln
	Gemüse		Paprika

Für Lehrkräfte: Übersicht zur Rahmenlehrplanpassung und Farberläuterung

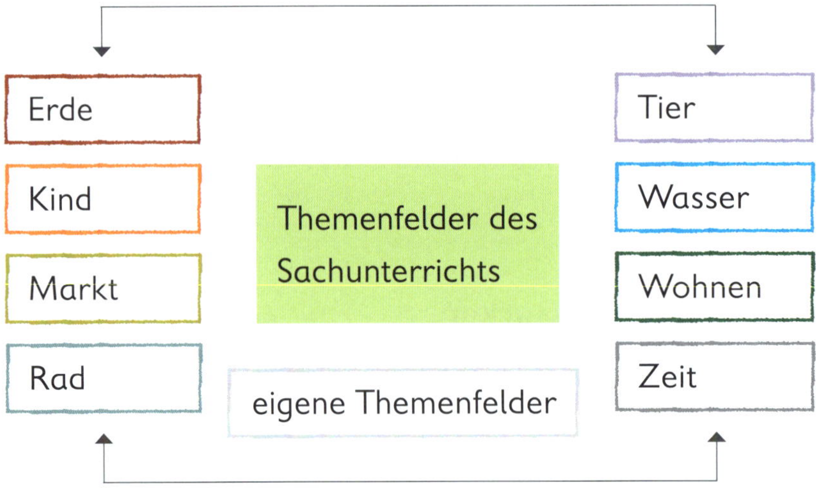

Themenfeld	Seiten im Schülerbuch	Seiten im Arbeitsheft
Kind		
Wie leben Kinder?	11, 19–26, *(29, 34–35 Wohnen)*	10–11
Wie funktioniert unser Körper?	61–68, 69–78, *(79–86 Markt)*	30–35
Was ist für unser Zusammenleben wichtig?	5–7, 12, *(36–37, 48–52 Wohnen)*	2–3
Welche Rechte haben Kinder?	5–12, *(48–49, 52 Wohnen)*	2–5
Womit kennen wir uns aus?	5, 13–18, *(32–33, 39–43, 50–51 Wohnen)*	6–9
Wohnen		
Wie und wo wohnen und leben wir?	27–29, 34–37	12–13, 16–17
Wie wohnten Menschen früher?	53–60	26–29
Wie baut man ein Haus?	27–28, 30–33, 38	14–15
Wie wohnen andere Menschen bei uns und Menschen anderswo?	27, 29, 34–35	16–17
Wer lebt hier wie? Wovon leben die Menschen?	28–37, 39–45, 48–49, *(87–95, 99–100, 105, 109–111 Markt)*	18–25
Wie funktioniert ein Wohnhaus?	28, 32–33, *(96–97 Markt)*	12–13
Markt		
Einkaufen, aber wo und wie?	86–93, 98, 109	40–41
Warum muss man bezahlen?	94–95, 98	42–43
Woher kommen Obst und Gemüse?	99–107, 112	44–49, 55
Was liefern uns die Tiere?	108–111	50–52
Was ist gesunde Ernährung? Was schadet uns?	79–87	36–39